CNA

EXAM PREPARATION
2018 - 2019

CNA SKILLS STUDY GUIDE WITH ALL THE 22 SKILLS AND CHECKPOINTS. FOR EVERYBODY WHO WANT TO CHALLENGE AND PASS THE CNA STATE BOARDS EXAM WITHOUT ANY PRIOR EXPERIENCE.

Berwyn Public Library
2701 Harlem Ave.
Berwyn, IL 60402-2140

Derechos de Autor© 2018 por RETS GRIFFITH
Todos los derechos reservados. Ninguna parte de este libro puede reproducirse, almacenarse en un sistema de recuperación o transmitirse de ninguna forma ni por ningún medio, ya sea electrónico, mecánico, fotocopiado, grabado, escaneado o de otra manera, sin la autorización previa por escrito del editor.

Aviso Legal

Todo el material contenido en este libro se proporciona solo con fines educativos e informativos. No se puede asumir ninguna responsabilidad por los resultados del uso de este material.

Si bien se ha hecho todo lo posible para proporcionar información que sea precisa y efectiva, el autor no asume ninguna responsabilidad por la precisión o uso/mal uso de esta información.

Algunos nombres han sido cambiados y/u omitidos para proteger la privacidad de ciertos personajes en este libro.

Dedicación:

Este libro está dedicado a mi amorosa madre Mahlompho Mpeta, que ha sido enfermera durante 60 años, y me enseñó todo lo relacionado con ser cuidador. También a mis dos hermosos hijos: Mamello y Christoph. No fue hasta que tuve un accidente cerebrovascular y una cirugía a corazón abierto que aprendí exactamente lo que significa ser un CNA y la atención que una persona requiere como paciente, desde la perspectiva de un CNA y el desempeño crítico de un CNA. Mi repentina enfermedad fue tanto dolorosa como trágica, pero trajo mucho bienestar a mi vida.

Créditos
Mahlompho Mpeta, enfermera clínica con 60 años de experiencia
Becky Asare, RN, BSN
Gwennette Boddie, Atención Clínica RN

Table of Contents

Aviso Legal i

Dedicación: iii

Table of Contents v

INTRODUCCIÓN : ¿QUIEN ES UN CNA? 1

CAPÍTULO 1 : La Prueba de Habilidad Clínica 3

CAPÍTULO 2 : Técnica de Lavado de Manos 7

CAPÍTULO 3 : Ejercicios de rango de movimiento pasivo (ROM) para un hombro 10

CAPÍTULO 4 : Ejercicio de rango pasivo de movimiento (ROM) en codo y muñeca 13

CAPÍTULO 5 : Ejercicios pasivos de rango de movimiento (ROM) en la cadera, rodilla y tobillo 16

CAPÍTULO 6 : Cambio de Posición 18

CAPÍTULO 7 : Asistir al residente con Bacinilla 20

CAPÍTULO 8 : Mida y registre el pulso radial del residente 23

CAPÍTULO 9 : Mida y registre las respiraciones de un residente 26

CAPÍTULO 10 : Cambiar la ropa de Cama Mientras el residente Permanece en la Cama 28

CAPÍTULO 11 : Transferir al residente de la cama a una silla de ruedas usando una técnica de pivote y una correa de transferencia/de andar 32

CAPÍTULO 12 : Deambular al residente con Una Correa de Transferencia/de Andar 36

CAPÍTULO 13 : Vestir a un residente que tiene un brazo débil 39

CAPÍTULO 14 : Vaciar el contenido de la bolsa de drenaje urinario del residente, y medir y registrar la producción de orina en un formulario de Entrada y Salida (E y S) 42

CAPÍTULO 15 : Alimentar a un residente que está sentado en una silla 45

CAPÍTULO 16 : Proporcionar cuidado del catéter a una residente que tiene un catéter urinario permanente 48

CAPÍTULO 17 : Proporcionar cuidado a los pies de un paciente que está sentado 51

CAPÍTULO 18 : Proporcionar cuidado bucal a un residente que tiene dentadura postiza 54

CAPÍTULO 19 : Proporcionar cuidado bucal a un residente que tiene dientes 58

CAPÍTULO 20 : Proporcionar atención perineal a una residente femenina que sufre de incontinencia urinaria 61

CAPÍTULO 21 : Proporcionar al residente cuidado de manos y uñas 64

CAPÍTULO 22 : Proporcionar al residente un baño de cama parcial y frotarle la espalda 67

INTRODUCCIÓN

❋

¿QUIEN ES UN CNA?

Un **auxiliar de enfermería certificado (Certified Nursing Assistant)** (CNA) es un miembro importante del equipo de atención médica que está principalmente involucrado en ofrecer atención directa a los pacientes. Un CNA también presta ayuda a los miembros de la cadena de mando de la atención médica, incluidas las enfermeras y los médicos. Pasa la mayor parte del tiempo con los pacientes más que ningún otro miembro del equipo de atención médica. Un CNA trabaja bajo la supervisión de una enfermera para brindar la atención adecuada al paciente. Esta labor exige largas horas de trabajo y muchas responsabilidades. Su trabajo consiste principalmente en ayudar a los pacientes con las actividades de su vida diaria (Activities of the Daily Living) (ADL) pero no se limita a eso. Un CNA puede trabajar en varios lugares, como hospitales, centros de atención para adultos, hogares, hogares de ancianos, etc. En un entorno hospitalario, los deberes habituales de un CNA se enumeran a continuación.

- Tomar y hacer un registro de signos vitales, por ejemplo, presión arterial, nivel de azúcar en la sangre, pulso, respiración, etc.
- Observar al paciente e informar al profesional pertinente.
- Ayudar con la limpieza y movimiento del paciente. También bañar, vestir y alimentar a los pacientes y tender sus camas.
- Un CNA ayuda a cambiar a un paciente de posición.

Estos son los deberes generales de un CNA. Hay muchas enfermedades que podrían requerir la asistencia de un CNA. Para obtener más ilustración de lo que hace un CNA, examinemos por ejemplo a un paciente con accidente cerebrovascular. Es muy probable que un paciente con accidente cerebrovascular no pueda hablar o caminar. Tampoco puede realizar algunas actividades de su vida diaria como vestirse por sí mismo, tener un rango de movimiento, deambulación, moverse de una posición a otra, cepillarse, alimentarse, etc. Un CNA ayuda a los pacientes a realizar estas actividades.

Algunas de las fortalezas que se requieren en un CNA incluyen: trabajo en equipo, empatía, buen sentido del humor, capacidad de administrar el tiempo, adaptabilidad, habilidades de comunicación y un buen conocimiento de los pacientes en las instalaciones. Es importante que un buen CNA tenga el conjunto de habilidades necesarias para poder llevar a cabo estos deberes de manera apropiada.

Para convertirse en un CNA calificado, se debe aprobar el examen de Asistente de Enfermería Certificado. Este examen se divide en dos segmentos, que son la **prueba de habilidades clínicas y el examen escrito**. Este libro se centra en la prueba de habilidades clínicas que es el aspecto práctico del examen. Este libro contiene una explicación paso a paso sobre las habilidades clínicas que debe poseer un CNA y ha sido diseñado para proveerle la información paso a paso adecuada y necesaria para sobresalir en esta labor.

CAPÍTULO 1

La Prueba de Habilidad Clínica

Como se dijo anteriormente, la prueba de habilidad clínica es el aspecto práctico del examen de un CNA. Esta prueba ayuda a validar la capacidad de un futuro CNA para cumplir con sus responsabilidades como auxiliar de enfermería. **Hay 22 habilidades clínicas** en las que será probado. Hay **cinco principios de cuidado** que se deben aplicar en cada habilidad a realizar. Estas áreas incluyen: **control de infecciones, privacidad, seguridad, dignidad y comunicación/**
atención indirecta.

- **El lavado de manos para control de infecciones.**

Usted debe asegurarse de que sus manos se encuentren limpias y libres de gérmenes antes y después de cualquier procedimiento.

- **Privacidad:**

Esto implica mantener la privacidad del paciente al comenzar a trabajar. ¿Cerró la puerta o las cortinas?

- **Seguridad:**

Usted debe asegurarse de tomar las precauciones necesarias al realizar cualquier procedimiento. La seguridad de sus pacientes e incluso la suya es importante. ¿Bajó la cama después de completar el trabajo? Asegúrese de que los equipos estén funcionando de manera apropiada.

- **Dignidad:**
Asegúrese de cubrir la parte del cuerpo del paciente en la que no esté trabajando. Exponga solo las áreas que están involucradas en su labor.

- **Cuidado indirecto:**
Esto significa hablar con el residente o paciente. Usted debe explicarle cada proceso para asegurarse de que su paciente se sienta realmente cómodo mientras usted trabaja. Podría hacer preguntas simples como: "¿Está bien, señorita Suzie?", Digamos que el nombre de su paciente es Suzie.

Estos cinco principios se deben aplicar en la medida en que usted lleva a cabo sus técnicas. Es muy importante que usted conozca las **22 habilidades**, ya que usted será probado en **Tres habilidades aleatorias**, una de las cuales será grabada. **Dos enfermeras** estarán presentes para evaluar su desempeño en los cinco principios enumerados anteriormente. Después de la finalización de la prueba, las enfermeras registrarán sus observaciones en una computadora. La enfermera que está facilitando la prueba le dará las reglas básicas sobre cómo hacer correcciones durante las pruebas. El sistema de Prometric proporcionará los resultados con base en los registros efectuados por la enfermera durante la observación de su desempeño.

La enfermera que está facilitando la prueba proporcionará las reglas básicas sobre cómo hacer conexiones durante la prueba. **Le recomiendo principalmente que usted se familiarice con la sala de pruebas y los lugares donde se encuentran todos los suministros.** La sala de pruebas tendrá una configuración similar a la de un residente. Los siguientes artículos de cuidado personal se encontrarán en el gabinete de cabecera del residente;

- El 1er. Cajón contiene cepillo de dientes, pasta dental, cepillo para dentadura postiza.
- El segundo cajón contiene recipientes, loción y jabón.
- El tercer cajón contiene bacinillas, urinarios, recipientes de medición.

DECLARACIÓN DE APERTURA

Como CNA, respetar el derecho del paciente es una parte vital del trabajo. Aquí hay un ejemplo de la Declaración de apertura.

Paso 1 Golpee la puerta

Paso 2 ¿Puedo entrar?

Paso 3 Salude al residente por su nombre: "Buenos días, Sra. Suzie".

Paso 4 Preséntese con su título: "Mi nombre es Mary y soy su CNA para hoy".

Paso 5 Dígale al paciente por qué está en su habitación: "Vine a… mencione la técnica que vino a realizar".

Paso 6 Pregunte si el momento es apropiado para llevar a cabo la técnica: "¿Es este un buen momento?"

Paso 7 Verifique la luz de llamado del residente: "Veo que la luz de llamado está a su alcance, (asegúrese de que la luz de llamado esté lo suficientemente cerca del paciente para alcanzarla) voy a lavarme las manos y cerrar la cortina para mantener su privacidad antes de comenzar".

Paso 8 Luego salga de la habitación y vaya a lavarse las manos; si esta es la **PRIMERA TÉCNICA** del examen, usted deberá lavarse las manos **FÍSICAMENTE.** Para la Segunda y Tercera técnicas, usted puede simplemente simular (decir verbalmente lavo mis manos) que se lava las manos.

Paso 9 Luego cierre la cortina y regrese a la cama del residente para comenzar su técnica.

Paso 10 Comunique todo lo que hace al paciente mientras realiza la técnica; esto se llama CUIDADO INDIRECTO.

Paso 11 Mantenga observando al paciente mientras realiza su técnica para asegurarse de leer su expresión facial en caso de que su paciente sufra un derrame cerebral y no pueda hablar.

Esto sirve como declaración de apertura.

NOTA: Dado que la declaración de apertura se ha discutido aquí, no se repetirá para cada técnica. Por favor tome nota de esto y practíquelo.

DECLARACIÓN DE CLAUSURA

Vamos a utilizar a nuestra residente Sra. Suzie como ejemplo:

Paso 1: Sra. Suzie, ya terminé

Paso 2: ¿Hay algo más que pueda hacer por usted antes de retirarme?

Paso 3: ¿Le gustaría una vaso de agua, mirar la televisión o leer una revista?

Paso 4: Veo que la luz de llamado se encuentra a su alcance (asegúrese de ponerla cerca de la mano del residente).

Paso 5: Voy a abrir la cortina para que penetre el sol y me lavaré las manos.

Paso 6: Por favor si necesita algo más, presione la luz de llamado.

CAPÍTULO 2

Técnica de Lavado de Manos

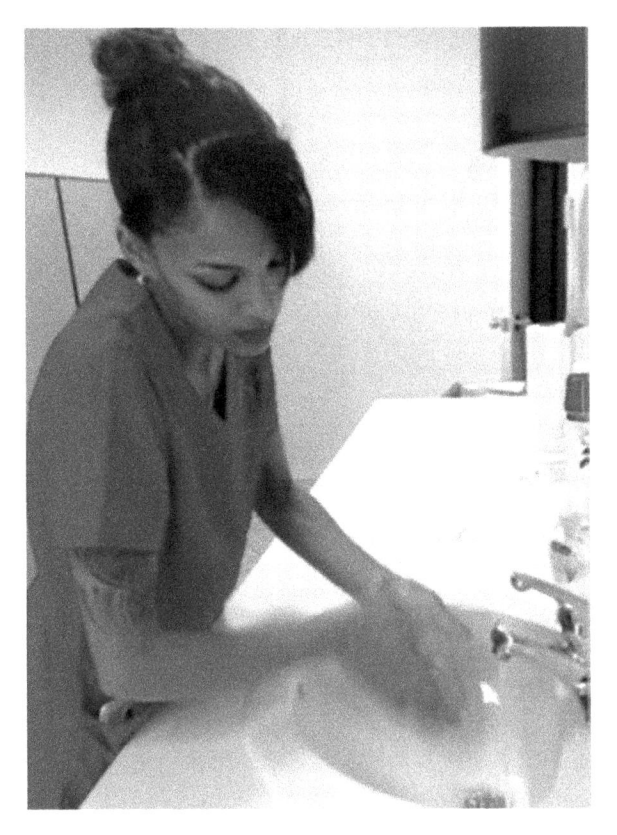

Las **dos enfermeras** evaluarán su habilidad para lavarse las manos. Una de ellas observará el lavado de manos al **comienzo de la Primera técnica**, mientras que la otra observará el **final de la Primera técnica**.

Tenga en cuenta que no habrá instrucciones para lavarse las manos porque usted debe saber que es necesario lavarse las manos. Se espera que se lave las manos antes de comenzar la primera técnica, es decir, después de la declaración de apertura. La primera enfermera observará su habilidad para lavarse las manos en esta etapa. Después de que se haya realizado la primera técnica, es esencial que usted se lave las manos nuevamente. Esta vez, la segunda enfermera será el observador.

Para las siguientes dos técnicas, usted debe decir **VERBALMENTE** "lavo mis manos, lavo mis manos, me seco y me seco las manos". Usted no necesita lavarse **FISICAMENTE** las manos si no va a realizar su primera técnica.

TÉCNICAS DE LAVADO DE MANOS
El tiempo requerido para lavarse las manos es de 3 minutos.

Usted puede usar el método de las 6 toallas de papel **para esta técnica.**

Los pasos incluyen:

Paso 1: Tome la primera toalla de papel, abra el grifo y sienta la temperatura del agua mientras sostiene la toalla de papel. Asegúrese de que el agua esté tibia antes de tirar la toalla de papel.

Paso 2: Humedezca sus manos sin tocar el interior del fregadero.

Paso 3: Ponga una cantidad generosa de jabón en sus manos colocándolas boca abajo y cuente hasta 20 segundos.

Paso 4: Lávese entre los dedos tres veces.

Paso 5: Lave las cutículas tres veces.

Paso 6: Lave debajo de las uñas tres veces.

Paso 7: Lave el interior de sus manos frotando con la punta de sus dedos.

Paso 8: Frote su muñeca rigurosamente tres veces.

Paso 9: Tome la segunda toalla de papel y seque sus manos suavemente desde los dedos hacia la muñeca.

Paso 10: Tome la tercera toalla de papel y deje la misma mano completamente seca.

Paso 11: Tome la cuarta toalla de papel y seque la otra mano, repitiendo suavemente lo que hizo con la mano anterior.

Paso 12: Toma la quinta toalla de papel y seca la mano por completo.

Paso 13: Toma la última toalla de papel y luego cierre la llave del agua.

CAPÍTULO 3

Ejercicios de rango de movimiento pasivo (ROM) para un hombro

El tiempo requerido para esta técnica es de 4 a 5 minutos.

No hay suministros para esta técnica.

El ejercicio de rango de movimiento siempre se realiza para los hombros débiles del paciente. El residente necesita que sus hombros estén flexionados, extendidos y abducidos. Para el propósito de esta técnica, se requiere que el paciente repita los dos ejercicios tres veces. Las instrucciones que usted recibirá le confirmarán si el ejercicio debe realizarse sobre el **lado izquierdo o derecho** del hombro del paciente. El papel del paciente puede ser desempeñado por una persona o un maniquí.

Comience su técnica con la declaración de apertura.

Paso 1: Comience el ejercicio solo en el hombro.

Paso 2: Sujete el brazo y el hombro del residente, levántelo hacia la cabecera de la cama y luego bájelo de manera lenta y suave. Este proceso se llama flexión/extensión. Repita este proceso tres veces.

Paso 3: Sostenga el hombro y el brazo del residente, luego, sepárelo de su cuerpo hacia el costado, y llévelo de vuelta hacia el cuerpo. Esto se llama secuestro. Repita este proceso tres veces.

Paso 4: Asegúrese de comunicarse con el paciente mientras realiza la técnica. Pregúntele al paciente sobre su comodidad intermitentemente.

Paso 5: Asegúrese de mantener la observación sobre el paciente. Esto es importante para poder ver las expresiones en la cara del residente, por ejemplo, para saber si siente dolor. Aunque es posible que usted le haya dicho al paciente que le avise en caso de sentir alguna incomodidad, es posible que este no lo haga.

Paso 6: Recuerde sostener la extremidad del paciente mientras trabaja en la articulación durante la técnica. Esto es para asegurarse de que estén protegidos.

Paso 7: Termine su técnica pasando a la declaración de cierre.

Paso 8: Tenga en cuenta los derechos de seguridad del paciente: no se olvide de bajar la cama, colocar la luz de llamado al alcance de la mano fuerte del paciente, colocar la bandeja de la cama al lado de la cama del residente y abrir las cortinas.

Paso 9: Finalmente, asegúrese de lavarse las manos. Físicamente, si es la primera técnica del examen o verbalmente si es la segunda o tercera técnica.

CAPÍTULO 4

Ejercicio de rango pasivo de movimiento (ROM) en codo y muñeca

El tiempo de duración de esta técnica es de 4 a 5 minutos.

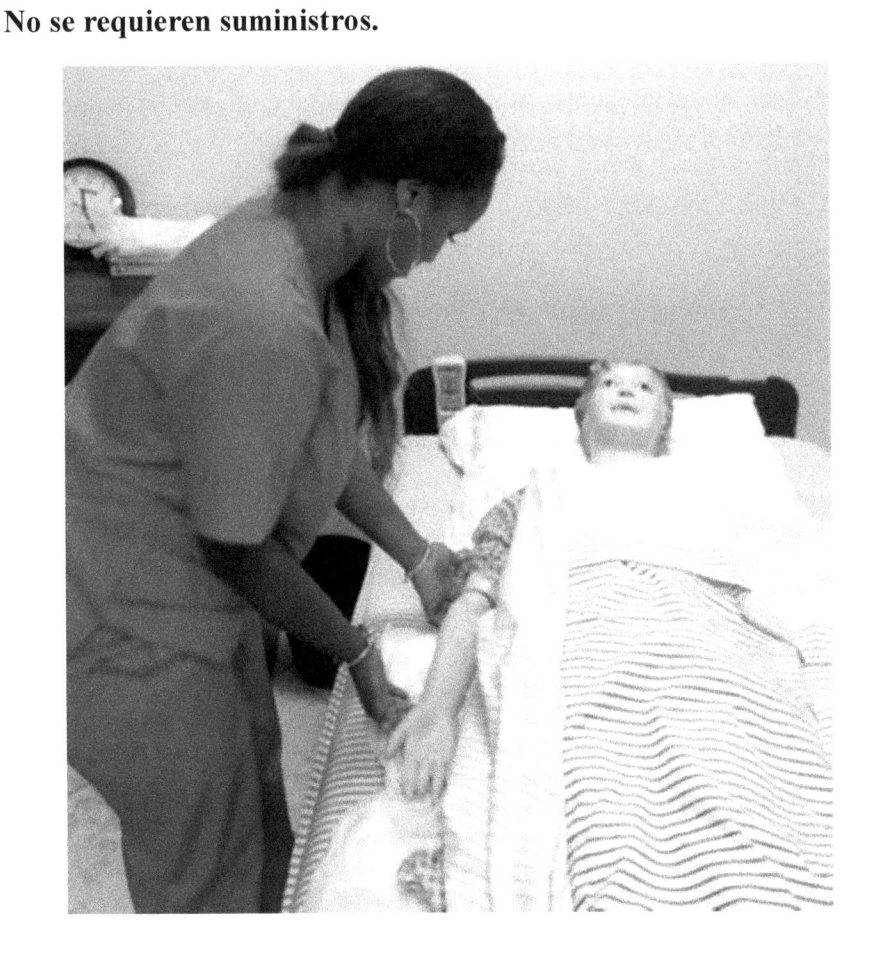

No se requieren suministros.

Esta técnica implica proporcionar un rango de movimiento a un residente haciendo que el codo se flexione y se extienda. Usted también debe flexionar e híper extender su muñeca. Para el propósito de esta técnica, se requiere que el paciente repita los dos ejercicios tres veces. La instrucción que a usted se le dará, confirmará si el ejercicio debe realizarse en el lado **izquierdo o derecho** del codo y muñeca del paciente.

Asegúrese de mantener la comunicación con el paciente mientras realiza esta técnica.

Paso 1: Comience con la declaración de apertura: golpee en la puerta, salude al paciente, preséntese y haga todo lo que se describió en el CAPÍTULO tres.

Paso 2: Luego de lavarse las manos, mueva la mesa superior hacia un lado si está frente al paciente y dígale al paciente que la devolverá a su posición original.

Comience el ejercicio solo en las **articulaciones correctas** cuando realice un rango de movimiento.

Paso 3: Doble el codo y el brazo hacia el hombro y estírelo y llévelo de vuelta hacia el colchón. Este proceso se llama flexión/extensión. Se debe repetir tres veces, lenta y suavemente.

Paso 4: Mueva la muñeca doblándola hacia el brazo y estírela hacia el colchón moviéndola esencialmente hacia abajo y hacia arriba. Esto se llama flexión e hiperextensión. Repita el proceso tres veces lenta y suavemente

Paso 5: Asegúrese de mantener contacto visual con el paciente para poder ver si este siente dolor o malestar.

Paso 6: Termine su técnica asegurándose de que el residente está bien y no necesita nada más antes de salir de la habitación. Siempre ofrezca al paciente agua fría o a temperatura ambiente.

Paso 7: Recuerde bajar la cama y revisar la luz de llamado, asegúrese de que esté colocada cerca de la mano fuerte del paciente. También deje la bandeja en el lugar donde la encontró. Abra la cortina para que entre el sol y lávese las manos.

Paso 8: Asegúrese de lavarse las manos física o verbalmente.

CAPÍTULO 5

Ejercicios pasivos de rango de movimiento (ROM) en la cadera, rodilla y tobillo

Esta técnica tarda de 4 a 5 minutos en completarse.

No hay suministros para esta técnica.

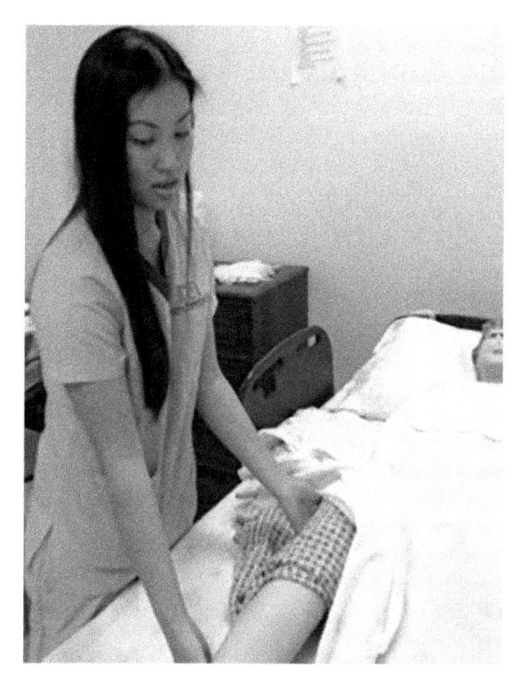

Esta técnica proporciona un ejercicio con rango de movimiento sobre la rodilla y la cadera del residente al flexionarlas y extenderlas, y también mediante la dorsiflexión y la flexión plantar hasta el tobillo. En esta técnica, se requiere que el paciente repita los dos ejercicios tres veces. Asegúrese de seguir las instrucciones proporcionadas por la enfermera.

Comience con su declaración de apertura

Paso 1: Levante la cadera y la rodilla del residente hacia el torso y luego llévela de regreso hacia el colchón. Esto se llama flexión/extensión. Repita este proceso tres veces, lenta y suavemente.

Paso 2: Asegúrese de sostener la extremidad del residente para evitar la fricción del talón contra el colchón mientras hace el ejercicio.

Paso 3: Levante el pie del residente hacia la cabeza y luego descienda hacia el colchón. Haga esto tres veces lenta y suavemente.

Paso 4: Apoye la pierna del residente durante el ejercicio.

Paso 5: Mantenga contacto visual, asegúrese de tener comunicación con el paciente al hacer preguntas sobre sus preferencias y necesidades.

Paso 6: Finalice la técnica asegurándose de que el residente esté bien y no necesite nada más antes de salir de la habitación. Siempre ofrezca al paciente agua fría o a temperatura ambiente.

Paso 7: Recuerde bajar la cama y revisar la luz de llamado. Asegúrese de que esté colocada al alcance de la mano fuerte del paciente. También deje la bandeja en el lugar donde la encontró. Abra la cortina para que entre el sol y lávese las manos.

Paso 8: Asegúrese de lavarse las manos física o verbalmente.

CAPÍTULO 6

Cambio de Posición

El tiempo requerido para esta técnica es de 8 a 11 minutos.

Suministros: 4 - Una toalla/barrera y tres almohadas.

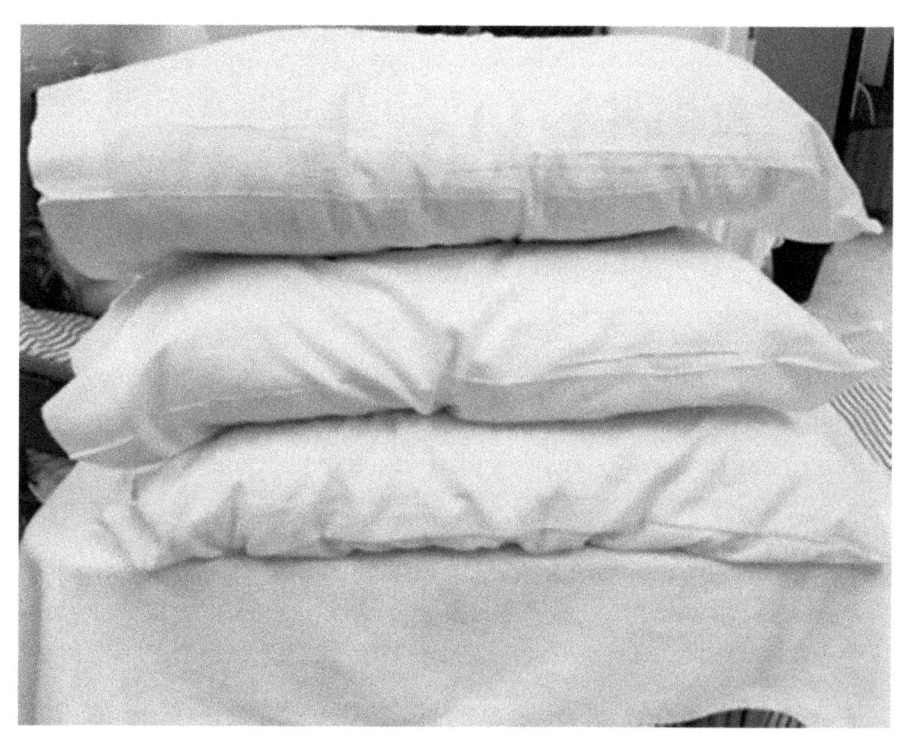

Esta técnica requiere que usted cambie la posición de un paciente que está acostado de espaldas a una posición lateral. El paciente requiere apoyo para permanecer de lado.

Comience con su declaración de apertura y realice los procedimientos necesarios.

Luego, siga los pasos que se detallan a continuación:

Paso 1: Ayude al paciente a girarse de lado.

Paso 2: Ayude al paciente a doblar sus brazos y flexionar sus rodillas antes de girarlo.

Paso 3: Ayude a su paciente a acercarse a usted antes de girarlo para asegurarse de que permanezcan en el medio de la cama (punto de control) luego gírelo hacia un lado.

Paso 4: Coloque la primera almohada firmemente debajo de la espalda del paciente. Esto es para asegurarse de que el paciente no retroceda y que permanezca en posición lateral con la rodilla que está arriba flexionada y de frente a la pierna que se encuentra abajo.

Paso 5: Coloque la segunda almohada entre las piernas del paciente para que las prominencias óseas de las rodillas y los tobillos estén separadas.

Paso 6: Coloque la tercera almohada debajo del brazo superior del residente, sosteniendo tanto el hombro como el brazo.

Paso 7: Deje al residente en posición lateral sin que esté recostado sobre el hombro, brazo y mano (punto de control).

Paso 8: Asegúrese de que la almohada colocada debajo de la cabeza sostenga el cuello y el mentón del paciente (punto de control).

Paso 9: Mantenga contacto visual, asegúrese de tener comunicación con el paciente al hacer preguntas sobre sus preferencias y necesidades. Luego finalice la técnica como de costumbre.

Paso 10: Lávese las manos física o verbalmente.

CAPÍTULO 7

Asistir al residente con Bacinilla

El tiempo requerido para esta técnica es de 8 a 11 minutos.

Suministros: 7 -Una toalla/barrera, bacinilla, papel higiénico, almohadilla protectora, toallitas húmedas/paño caliente, 2 juegos de guantes.

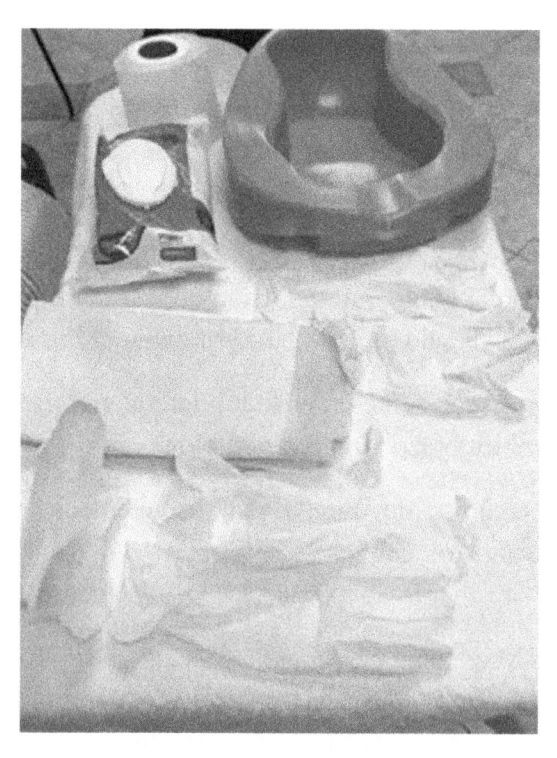

La técnica se realiza sobre un maniquí o una persona vestida con una bata de hospital sobre su ropa. También vamos a imaginar que el paciente no tiene ropa interior.

Comience con su declaración de apertura

Paso 1: Pídale al paciente que le permita su mesa de cama y asegúrele que se la devolverá luego de que la técnica se haya completado.

Paso 2: Coloque la toalla sobre la mesa del paciente.

Paso 3: Coloque los 6 suministros restantes sobre la mesa.

Paso 4: Colóquese el primer par de guantes y luego solicite al paciente que se voltee de lado.

Paso 5: Coloque la almohadilla protectora (chuck) en la cama sobre la sábana inferior y por debajo del glúteo/muslo del paciente. Asegúrese de que la bacinilla esté ubicada para permitir la recolección.

Paso 6: Levante la cabecera de la cama para que el paciente pueda sentarse sobre sus nalgas para usar el baño.

Paso 7: Dele al paciente papel higiénico y ofrézcale asistencia antes de salir de la habitación para brindarle privacidad.

Paso 8: Coloque la luz de llamado a su alcance para que el paciente pueda llamarlo si necesita ayuda o cuando hayan terminado en el baño.

Paso 9: Quítese el primer conjunto de guantes al salir de la habitación y luego salga para darle privacidad al paciente.

Paso 10: Regrese a la habitación una vez que el paciente anuncie que ha terminado.

Paso 11: Colóquese el segundo par de guantes y luego ofrezca al paciente toallitas o un paño tibio para lavarse las manos.

Paso 12: Baje la cabecera de la cama.

Paso 13: Pídale al paciente que levante las nalgas/caderas para quitar la bacinilla y la almohadilla protectora al mismo tiempo. Asegúrese de que la almohadilla cubra la bacinilla.

Paso 14: Coloque la luz de llamado y una servilleta al alcance del paciente y deseche el contenido de la bacinilla en el inodoro.

Paso 15: Enjuague tres veces la bacinilla, desinféctela y séquela.

Paso 16: Tome dos servilletas. Sostenga la bacinilla con una servilleta, use otra servilleta para abrir el tercer cajón y coloque allí la bacinilla limpia.

Paso 17: Retire las toallitas y el papel higiénico y colóquelos en el tercer cajón.

Paso 18: Retire la barrera de la mesa y colóquela en un cesto sucio.

Paso 20: Quítese los guantes.

Paso 21: Coloque la mesa del residente junto a la cama con agua fresca.

Paso 22: Ponga en orden la ropa de cama y vacíe la basura.

Paso 23: Deje al paciente en una posición segura en medio de la cama.

Paso 24: Mantenga contacto visual, asegúrese de tener comunicación con el paciente al hacer preguntas sobre sus preferencias y necesidades.

Paso 25: Finalice la técnica, asegurándose de que el residente esté bien y no necesite nada más antes de usted salir de la habitación. Siempre ofrezca al paciente agua fría o a temperatura ambiente.

Paso 26: Recuerde bajar la cama y revisar la luz de llamado. Asegúrese de que esté colocada cerca de la mano fuerte del paciente. También deje la bandeja en el lugar donde la encontró. Abra la cortina para que entre el sol y lávese las manos.

Paso 27: Asegúrese de lavarse las manos física o verbalmente.

CAPÍTULO 8

Mida y registre el pulso radial del residente

El tiempo requerido para esta técnica es de 4 a 5 minutos.

Suministros: - Reloj con segundero para contar los segundos.

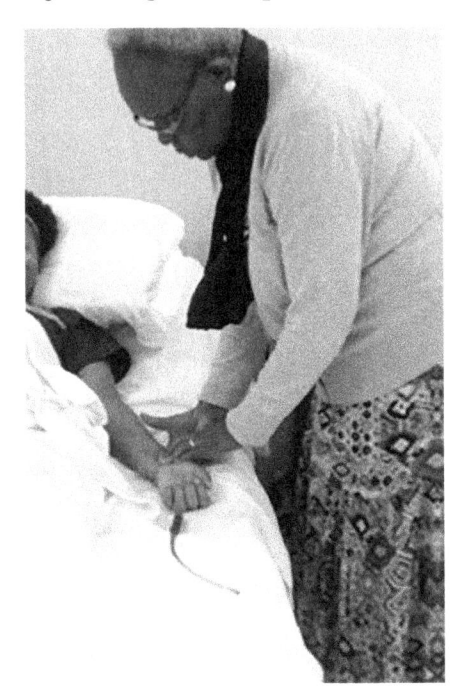

Es importante tener en cuenta que en un adulto la frecuencia cardíaca normal en reposo es de **60 a 100 PPM**. Esta técnica exige que usted tome el pulso radial del paciente en la muñeca. El pulso se contará durante un minuto completo. Se le suministrará un formulario de medición para registrar la frecuencia del pulso del paciente.

Comience con una declaración de apertura, tenga privacidad y lávese las manos

Paso 1: Frote sus manos para calentarlas antes de tocar al paciente.

Paso 2: Apoye el brazo del paciente de modo que no cuelgue mientras toma el pulso.

Paso 3: Asegúrese de que el paciente esté relajado para poder determinar con precisión una frecuencia cardíaca en reposo.

Paso 4: Estire el brazo del paciente y ponga la parte interior de la muñeca hacia arriba.

Paso 5: Coloque los dedos índice y medio de su mano dominante juntos sobre la muñeca del residente el dedo pulgar va por debajo.

Paso 6: Cuente un minuto completo.

Paso 7: Evite usar su dedo pulgar al tomar el pulso.

Paso 8: Se le proporcionará un formulario de medición para tomar registros del pulso. Su puntaje debe estar dentro de un rango de +/- 4 latidos por minuto con respecto a la medición del examinador/enfermera.

Paso 9: Mantenga contacto visual, asegúrese de tener comunicación con el paciente al hacer preguntas sobre sus preferencias y necesidades. Luego finalice la técnica como de costumbre.

Paso 10: Siempre pregunte al residente si se encuentra bien mientras usted realiza la técnica, para garantizar la máxima comodidad e incomodidad mínima.

Paso 11: Cierre la técnica asegurándose de que el residente esté bien y no necesite algo más antes de salir de la habitación.

Paso 12: Asegúrese de lavarse las manos físicamente si es la primera técnica o verbalmente simulando si es la segunda o tercera técnica.

Paso 13: Por último, no olvide bajar la cama y colocar la luz de llamado al alcance de la mano del paciente.

CAPÍTULO 9

Mida y registre las respiraciones de un residente

El tiempo requerido para esta técnica es de 4 a 5 minutos.

Suministros: - Un reloj con un segundo para contar en segundos

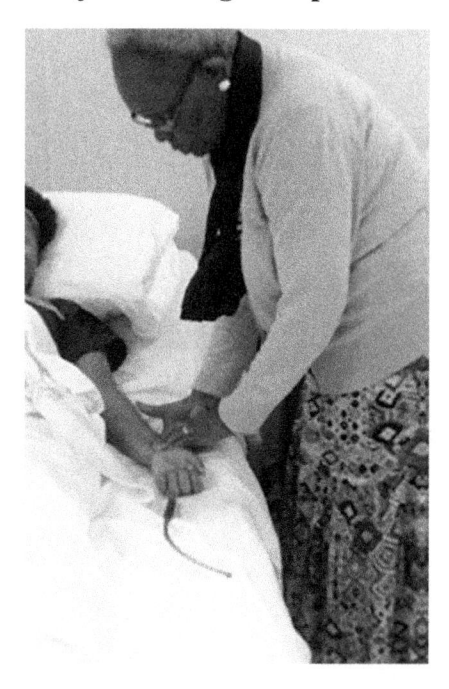

Se debe tener en cuenta que la frecuencia respiratoria normal de un adulto saludable es de **12 a 20**. La respiración normal consiste en respiraciones profundas y parejas durante las cuales la caja torácica se contrae y relaja completamente. Una respiración consiste en un ascenso y descenso completo del tórax o la inhalación y exhalación del aire. Esta técnica le exige que usted cuente las respiraciones del paciente durante un minuto. Se permite que usted le explique al paciente que se están tomando sus signos vitales en lugar de decirle que se están contando las respiraciones. También se proporciona un formulario de medición para fines de registro. Esta técnica se realiza en una persona, no en un maniquí.

Comience con su declaración de apertura y los pasos necesarios

Paso 1: Párese/siéntese junto al paciente, sostenga su brazo y observe su tórax mientras asciende y desciende.

Paso 2: No le dé instrucciones al paciente de que no respire. Asegúrese de que el paciente esté relajado para lograr una mayor precisión.

Paso 3: Observe y mida el ascenso y descenso del tórax del residente y cuente el número de respiraciones por minuto.

Paso 4: Registre el resultado en el formulario de medición. Se le permite estar dentro de un rango de +/- 2 respiraciones por minuto con respecto a la medición de la enfermera.

Paso 5: Mantenga contacto visual, asegúrese de tener comunicación con el paciente al hacer preguntas sobre sus preferencias y necesidades. Luego finalice la técnica como de costumbre.

Paso 6: Siempre pregunte al residente si se encuentra bien mientras usted lleva a cabo la técnica, para garantizar la máxima comodidad e incomodidad mínima.

Paso 7: Finalice la técnica asegurándose de que el residente está bien y no necesita nada más antes que usted salga de la habitación.

Paso 8: Asegúrese de lavarse las manos físicamente si es la primera técnica del examen o verbalmente simulando si es la segunda o tercera técnica.

Paso 9: Por último, no se olvide de bajar la cama y colocar la luz de llamado al alcance de la mano del paciente.

CAPÍTULO 10

Cambiar la ropa de Cama Mientras el residente Permanece en la Cama

Debes realizar esta técnica de 12 a 15 minutos.

Suministros: 5 - 1 toalla/ barrera, sobre sábana, sábana, 1 funda de almohada y 1 manta.

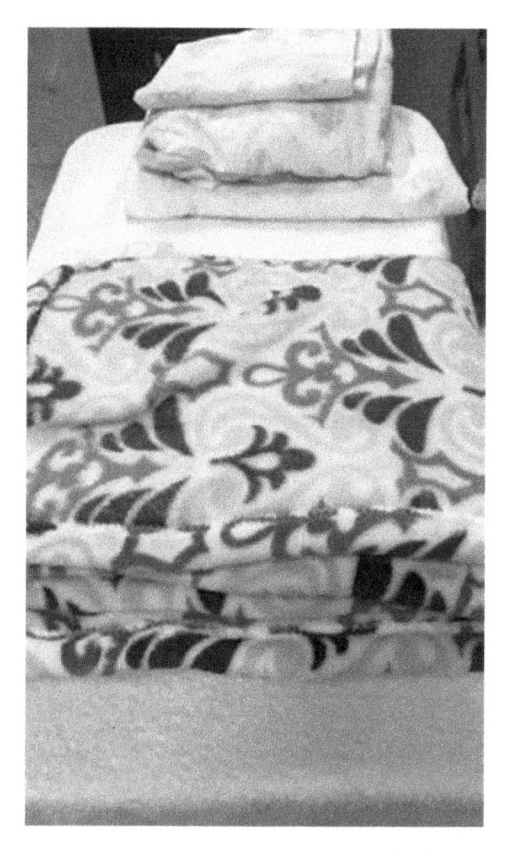

Esta técnica implica cambiar las sobre sábana y sábana y la funda de la almohada mientras el paciente está acostado en la cama. Se deben seguir los siguientes pasos:

Comience con la declaración de apertura: saludos, presentación, propósito de la visita, privacidad y lavado de manos

Paso 1: Solicite amablemente el uso de la mesa de noche de su paciente.

Paso 2: coloque la barrera y los cuatro suministros restantes sobre la mesa.

Paso 3: Comience su técnica sustituyendo la sobre sábana con una manta temporal. Coloque la sobre sábana removida en un cesto para ropa sucia.

Paso 4: Solicite al paciente que sostenga la manta y retire suavemente la sobre sábana sucia de la cama del paciente.

Paso 5: Coloque la sobre sábana sucia en un cesto para ropa sucia.

Paso 6: Afloje las esquinas de la sábana inferior.

Paso 7: Acerque al paciente hacia usted antes de girarlo hacia un lado. Luego gire al paciente asegurándose de que esté colocado a una distancia segura del borde de la cama en todo momento.

Paso 8: Retire y vuelva a colocar la sábana inferior en un lado de la cama, antes de girar al residente para quitar y volver a colocar la sábana en el otro lado de la cama.

Paso 9: Asegure la sábana inferior al colchón, prestando atención de que esté colocada en las cuatro esquinas, e insertada en la cabecera de la cama, en la parte inferior del colchón, y por los lados.

Paso 10: Asegúrese de que la sábana inferior no tenga pliegues ni dobleces.

Paso 11: Pliegue la sábana limpia de adentro hacia afuera y enróllela.

Paso 12: Coloque la sábana de adentro hacia afuera sobre la cama, extendiéndola suavemente hacia el residente, y colóquela suavemente debajo del residente.

Paso 13: Gire o mueva al residente para quitar o reemplazar la(s) sábana(s) sin tirarlas para que no haya fricción y no cree heridas en la piel.

Paso 14: Coloque la ropa sucia en el cesto para la ropa sucia.

Paso 15: Extraiga la sábana inferior limpia restante. Asegúrela en las dos esquinas restantes y estírela para evitar que queden áreas arrugadas que puedan crear llagas.

Paso 16: Retire la funda sucia de la almohada que se encuentra por debajo del residente.

Paso 17: Cambie la funda de la almohada desde una posición alejada del residente, evite que se la esponje delante del residente.

Paso 18: Doble la almohada e insértela en la funda limpia y coloque la almohada debajo del residente.

Paso 19: Mantenga al residente ubicado sobre una sábana durante todo el procedimiento.

Paso 20: Meta la sobre sábana debajo del pie del colchón, dejando la sábana suelta, evitando así la presión contra los dedos del pie y permitiendo el movimiento del pie.

Paso 21: Coloque la sobre sábana encima del residente, cubriendo el cuerpo hasta el nivel de los hombros, sin meterla por los costados.

Paso 22: La almohada debe mantenerse bajo la cabeza del residente durante toda la técnica hasta el momento de cambiar la funda de la almohada.

Paso 23: Pídale al residente que levante levemente la cabeza para quitar la almohada temporalmente y cambiar la funda de la almohada.

Paso 24: Cambie la funda de almohada lejos del paciente sin sacudir la almohada en frente del paciente y colóquela de nuevo debajo del paciente.

Paso 25: Asegúrese de que el residente se encuentre entre la sobre sábana y la sábana inferior.

Paso 26: Coloque las sábanas sucias en una cesta y deseche la basura.

Paso 27: Mantenga contacto visual, asegúrese de tener comunicación con al paciente al hacer preguntas sobre sus preferencias y necesidades. Luego finalice la técnica como de costumbre.

Paso 28: Asegúrese de lavarse las manos físicamente si es la primera técnica del examen o simulando verbalmente si es la segunda o tercera técnica.

CAPÍTULO 11

Transferir al residente de la cama a una silla de ruedas usando una técnica de pivote y una correa de transferencia/de andar

El tiempo requerido para esta técnica es de 8 a 11 minutos.

Suministros: 2 - Silla de ruedas y marcha

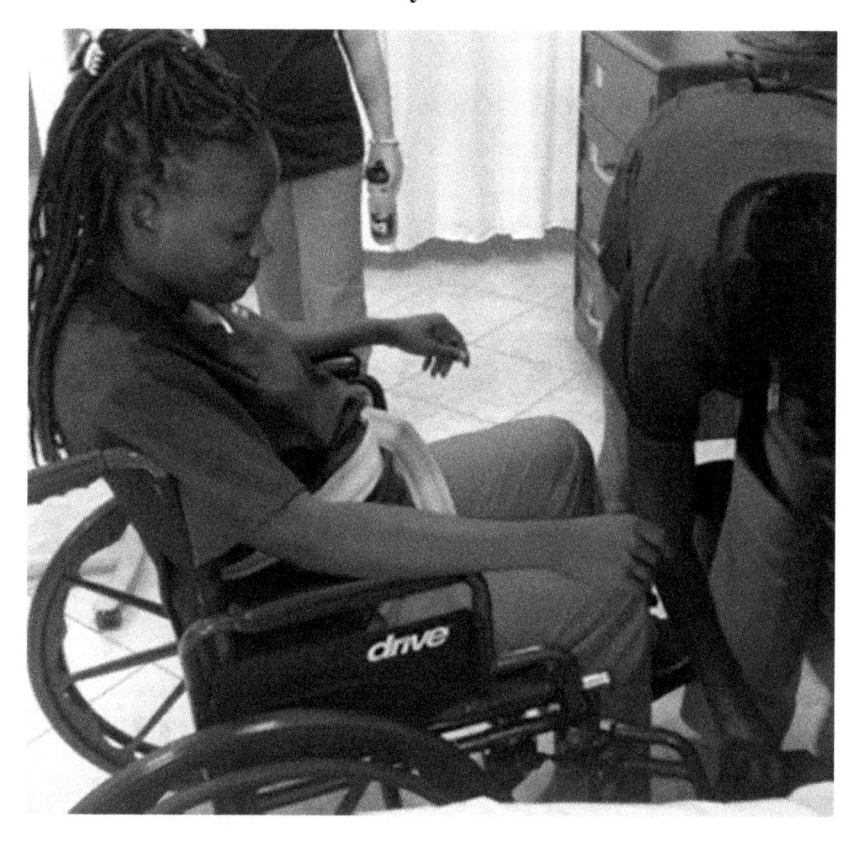

Esta técnica implica transferir a un paciente que está acostado a una silla de ruedas. Se requiere hacer una técnica de transferencia de pivote y una correa de transferencia/de andar. Esta habilidad se realiza para pacientes que pueden pararse pero que no pueden dar pasos. Esta habilidad se realiza sobre una persona.

Comience con la declaración de apertura: saludos, presentación, propósito de la visita, privacidad y lavado de manos

Paso 1: Coloque la silla de ruedas cerca de la cama.

Paso 2: Asegúrese de que los apoyapiés de la silla de ruedas no interfieran con el paciente cuando este se ponga de pie para la transferencia (por ejemplo, levántelos, balancéelos o quítelos).

Paso 3: Coloque los zapatos o el calzado antideslizante en el paciente antes de hacer que el paciente se pare para la transferencia.

Paso 4: Guíe suavemente al paciente a una posición sentado en un lado de la cama sin tirarlo del antebrazo o las manos.

Paso 5: Permita que el paciente se siente en un lado de la cama para que pueda acostumbrarse al cambio de posición antes de comenzar la transferencia.

Paso 6: Coloque los pies del paciente en el piso antes de comenzar la transferencia.

Paso 7: prepárese para la transferencia colocando la silla de ruedas en una posición donde la rueda interior delantera esté lo suficientemente cerca de la cama. De esta forma, la transferencia se puede hacer utilizando la técnica de pivote. Luego, bloquee la silla de ruedas.

Paso 8: Coloque la correa para transferencia/modo de andar de forma segura alrededor de la cintura del paciente y sobre la ropa de tal manera que solo los dedos quepan por debajo del cinturón.

Asegúrese de que la correa no afecte la piel o los pliegues de la piel.

Paso 9: De una señal al paciente antes de ayudarlo a ponerse de pie.

Paso 10: Colóquese frente al paciente sosteniéndolo con el cinturón de transferencia/de andar a ambos lados o alrededor de la espalda durante la transferencia.

Paso 11: Apoye una o ambas piernas del paciente durante la transferencia mientras lo ayuda a girar, sentarse y pararse.

Paso 12: Mantenga la mecánica de su cuerpo mientras ayuda al paciente a moverse.

Paso 13: Sin hacer que el paciente dé pasos hacia la silla de ruedas, transfiéralo como un pivote. Coloque la parte posterior de las piernas del paciente contra la silla de ruedas antes de ayudarlo a sentarse en la silla de ruedas.

Paso 14: De apoyo al paciente mientras lo baja con cuidado sobre el asiento de la silla de ruedas.

Paso 15: Asegúrese de que el paciente esté posicionado de manera tal que la cadera esté contra el respaldo del asiento y que los pies estén en el apoyapiés.

Paso 16: Una vez realizada la transferencia, retire cuidadosamente la correa de transferencia/de andar sin hacer daño al paciente.

Paso 17: Mantenga contacto visual, asegúrese de tener comunicación con al paciente al hacer preguntas sobre sus preferencias y necesidades.

Paso 18: Finalice la técnica asegurándose de que el residente esté bien y no necesite nada más antes de que usted salga de la habitación.

Paso 19: Asegúrese de lavarse las manos **físicamente** si es la primera técnica del examen o verbalmente si esta es la segunda o tercera técnica.

Paso 20: Por último, no olvide bajar la cama y colocar la luz de llamado al alcance del paciente.

CAPÍTULO 12

Deambular al residente con Una Correa de Transferencia/de Andar

Esta técnica dura de 4 a 5 minutos.

Suministros: 2 -Cinturón de andar, calcetines antideslizantes o zapatos

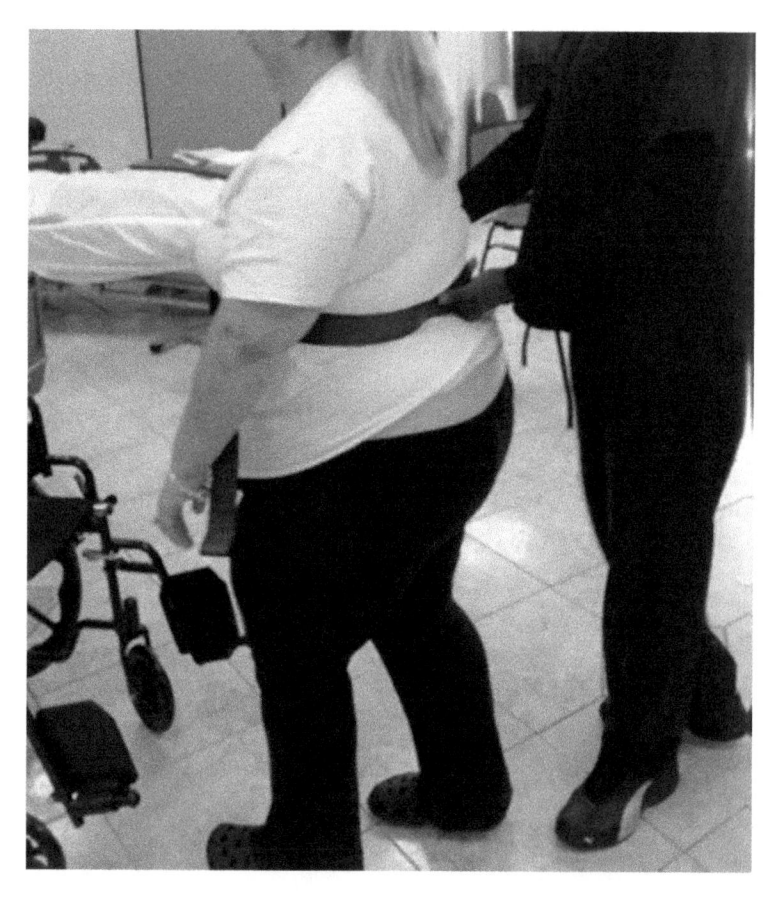

El paciente se sentará en una silla para este examen. La técnica requiere que usted camine con un paciente que necesita ayuda para ponerse de pie. Se espera que usted use un cinturón de transferencia/de andar para esta técnica. Asegúrese de estar de pie en el lado débil del paciente.

Comience con la declaración de apertura: saludo, presentación, propósito de la visita, privacidad y lavado de manos

Paso 1: Coloque la correa de transferencia/de andar firmemente alrededor de la cintura del paciente y sobre su ropa de forma que los dedos quepan debajo del cinturón. Asegúrese de que no se adhiera a la piel o pliegues de la piel.

Paso 2: Ayude al paciente a usar calcetines o calzado antideslizante antes de que se pongan de pie.

Paso 3: Mantenga siempre la vista puesta en el paciente para asegurarse de que esté cómodo en todo momento y también para darle indicaciones o señales. Recuerde que su paciente puede haber perdido la audición o tener disminución de audición. Entonces, es importante tener un contacto visual en todo momento sobre él.

Paso 4: Ayude al paciente a ponerse de pie mientras sostiene el cinturón de transferencia/de andar y luego pida al paciente que sienta sus pies.

Paso 5: Pregúntele al residente si están BIEN o si está MAREADO.

Paso 6: Coloque la correa de transferencia/de andar con su brazo alrededor de la espalda del paciente y ubíquela en el lado débil del paciente, luego ayude a que el residente camine mientras usted está de pie a su lado y ligeramente detrás de él.

Paso 7: Deambule a su paciente al menos 10 veces y pregúntele cómo se siente durante la ambulación.

Paso 8: Solicite que el paciente se dirija a usted y coloque la parte posterior de la pierna del paciente contra la silla antes de ayudarlo a sentarse.

Paso 9: Ayude al paciente a sentarse y luego retírele la correa de transferencia/de andar.

Paso 10: Asegúrese de usar una mecánica corporal adecuada.

Paso 11: Asegúrese de que el paciente esté sentado apropiadamente con la espalda contra la silla y las piernas en el apoyapiés.

Paso 12: Mantenga contacto visual, asegúrese de tener comunicación con al paciente al hacer preguntas sobre sus preferencias y necesidades. Luego finalice la técnica como de costumbre.

Paso 13: Finalice la técnica, asegurándose de que el residente esté bien y no necesite algo más antes de que usted salga de la habitación.

Paso 14: Asegúrese de lavarse las manos físicamente si es la primera técnica o verbalmente simulando si esta es la segunda o tercera técnica.

Paso 15: Por último, no olvide bajar la cama y colocar la luz de llamado al alcance del paciente.

CAPÍTULO 13

Vestir a un residente que tiene un brazo débil

El tiempo requerido para completar la técnica es de 12 a 15 minutos.

Suministros: 5 - 1 toalla/barrera, 2 juegos de pantalones, 2 camisas de manga larga con botones en la parte delantera, un par de calcetines.

Esta técnica implica vestir a un paciente que se encuentra acostado en una cama con una camisa de manga larga con botones, pantalones y calcetines. El paciente no puede vestirse por tener un brazo débil. Un maniquí será nuestro residente.

Comience con la declaración de apertura: saludo, presentación, propósito de la visita, privacidad y lavado de manos

Paso 1: Coloque una toalla como barrera en la mesa antes de colocar los suministros.

Paso 2: Escoja dos trajes del armario de suministros, muéstreselos al residente y pídale que elija uno.

Paso 3: Coloque todos los suministros sobre la mesa ya cubierta con la toalla.

Paso 4: Asegúrese de que el paciente tenga todas las prendas antes de quitarle la bata de hospital.

Paso 5: Preste apoye al brazo débil mientras usted lo viste y desviste.

Paso 6: Quítele la bata de hospital del lado fuerte **PRIMERO.**

Paso 7: Vista por el brazo débil **PRIMERO.**

Paso 8: Para facilitar el estiramiento del brazo débil, recoja las mangas.

Paso 9: Colóquele los pantalones, la camisa y los calcetines al paciente.

Paso 10: Mueva suavemente las extremidades del paciente sin estirarlas demasiado o forzarlas durante esta técnica.

Paso 11: Asegúrese de que la ropa se use adecuadamente, ajústela para mayor comodidad, pulcritud y alineación y cierre los sujetadores.

Paso 12: Ponga la bata sucia en la cesta.

Paso 13: Asegúrese de que el residente siempre se encuentre a una distancia segura del borde de la cama.

Paso 14: Mantenga contacto visual, asegúrese de tener comunicación con el paciente al hacerle preguntas sobre sus preferencias y necesidades.

Paso 15: Finalice la técnica, asegurándose de que el residente esté bien y no necesite algo más antes de que usted salga de la habitación.

Paso 16: Asegúrese de lavarse las manos físicamente si esta es la primera técnica del procedimiento o simulando verbalmente si esta es la segunda o tercera técnica.

Paso 17: Por último, no olvide bajar la cama y colocar la luz de llamado al alcance de la mano del paciente.

CAPÍTULO 14

❊

Vaciar el contenido de la bolsa de drenaje urinario del residente, y medir y registrar la producción de orina en un formulario de Entrada y Salida (E y S)

El tiempo requerido para esta técnica es 8 a 11 minutos.

Suministros: 5 - Chuck/barrera, recipiente con mediciones, 1 par de guantes, almohadillas de tejido y alcohol.

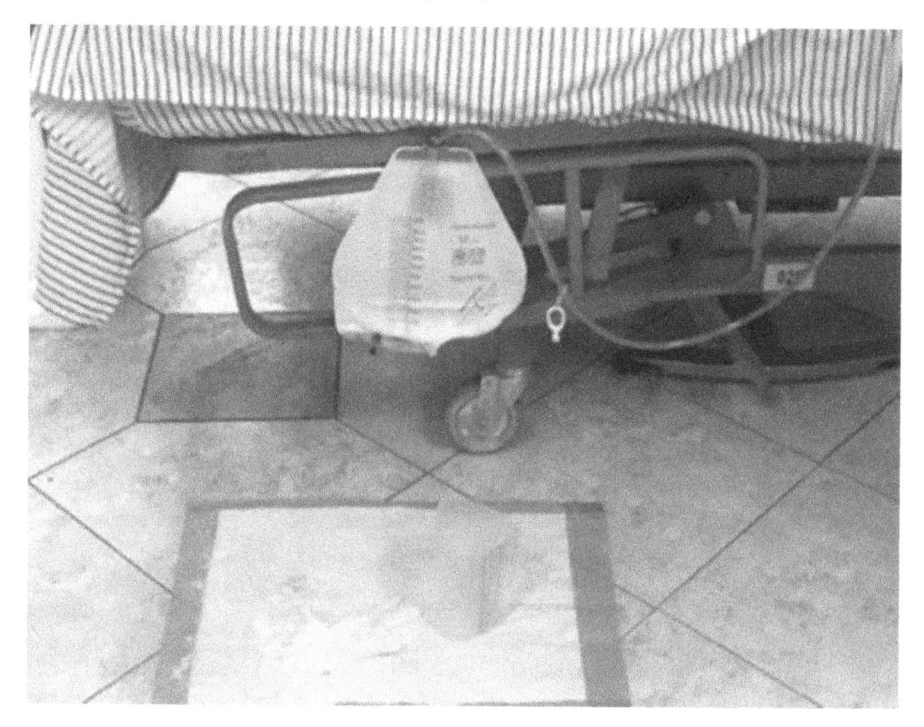

Esta técnica implica vaciar la bolsa de drenaje urinario del residente en un recipiente con mediciones y medir la cantidad de orina. Se dará un Formulario de Entrada y Salida (E y S) para tomar registros de la medición. La salida debe registrarse como orina y la hora correcta en que se registró la medición. La técnica se puede hacer sobre una persona/maniquí.

Comience con la declaración de apertura: saludo, presentación, propósito de la visita, privacidad y lavado de manos

Paso 1: Coloque un chuck como barrera en el piso antes de colocar los suministros.

Paso 2: Coloque todos los suministros en la parte superior de la barrera.

Paso 3: Póngase los guantes.

Paso 4: Levante la cama del residente para asegurarse de que el recipiente con medición no tenga contacto con la bolsa de drenaje.

Paso 5: Verifique el tubo del catéter para asegurarse de que no esté doblado.

Paso 6: Coloque el recipiente de medición o la bacinilla en el piso y vierta todo el contenido de la bolsa de drenaje en la bacinilla o recipiente. Asegúrese de que esto se haga sin contaminar el tubo de drenaje por ejemplo al tocar el contenedor después de verter el contenido de la bolsa de drenaje.

Paso 7: Coloque la bolsa de orina en una posición más baja que la vejiga durante todo el procedimiento.

Paso 8: Posicione al recipiente de medición sobre una superficie plana con barrera para tomar medidas leyendo el recipiente de medición a la altura de los ojos. En caso de derrame de orina, termine la técnica vaciando la cantidad total de orina del recipiente en el inodoro.

Paso 9: Asegúrese de tener los guantes puestos mientras sujeta la bolsa de drenaje, el recipiente de medición o cualquier contenedor lleno de orina.

Paso 10: Asegúrese de enjuagar y secar el contenedor. Vierta el agua del enjuague en el inodoro.

Paso 11: Quítese los guantes antes de comenzar la documentación.

Paso 12: Mida y registre la producción de orina en un formulario de Entrada y Salida (E y S).

Paso 13: Documente la salida con las manos limpias.

Paso 14: La salida debe estar dentro de un rango de +/- 50 ml/cc con respecto a la medición de la enfermera.

Paso 15: Documente la salida como orina y escriba la hora correcta en el formulario de E y S.

Paso 16: Asegúrese de que la bolsa no esté en la barandilla lateral, sino más bien cuélguela en el armazón de la cama. También asegúrese de que la bolsa de drenaje y los tubos no toquen el piso.

Paso 17: Coloque la bolsa de orina en una posición más baja que la vejiga durante todo el procedimiento.

Paso 18: Almacene los equipos, coloque las sábanas sucias en un cesto y deseche la basura.

Paso 19: Siempre pregunte al residente si se siente bien mientras se realiza la técnica, para garantizar la máxima comodidad e incomodidad mínima.

Paso 20: Finalice la técnica asegurándose de que el residente esté bien y que no necesite algo más antes de que usted salga de la habitación.

Paso 21: Asegúrese de lavarse las manos físicamente si es la primera técnica del examen o simule verbalmente si esta es la segunda o tercera técnica.

Paso 22: Por último, no olvide bajar la cama y colocar la luz de llamado al alcance de la mano del paciente.

CAPÍTULO 15

Alimentar a un residente que está sentado en una silla

El tiempo requerido para esta habilidad es de 8 a 11 minutos.

Suministros: 8 - Bandeja, toallitas húmedas/toalla/paño húmedo/cuchara, tenedor, cuchillo, merienda (gelatina / pudín).

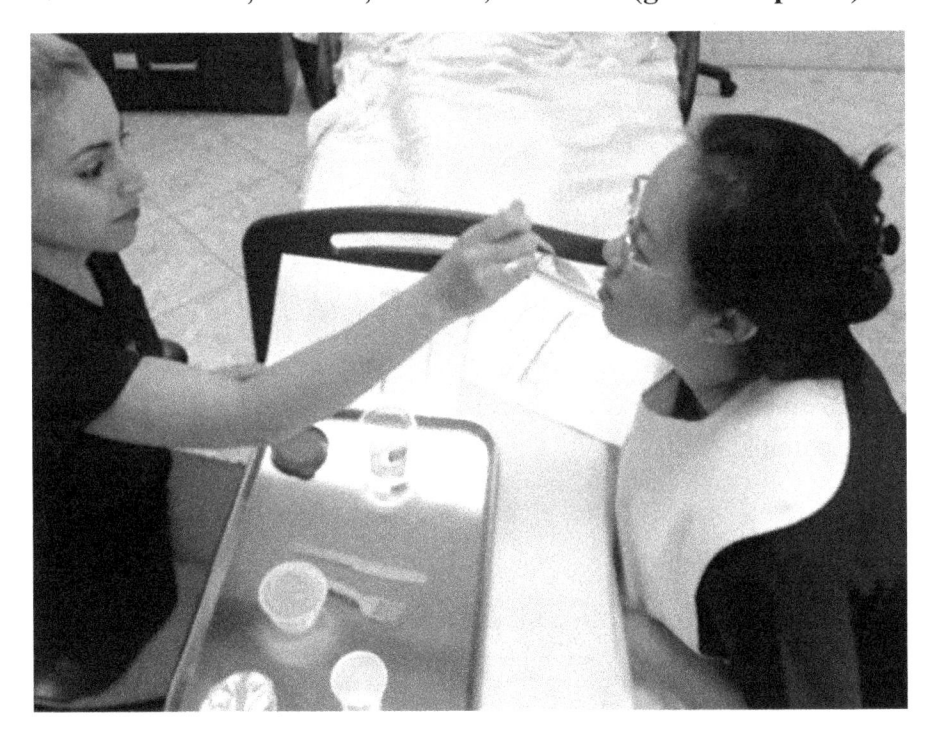

Esta técnica implica dar un bocadillo a un residente que no puede alimentarse por sí mismo. El residente está sentado en una silla para recibir alimento. Se proporciona un formulario de ingesta de alimentos y líquidos para registrar la ingesta estimada de alimentos y líquidos del residente. El papel del residente es desempeñado por una persona.

Comience con la declaración de apertura: saludos, presentación, propósito de la visita, privacidad y lavado de manos

Paso 1: Coloque todos los suministros sobre la mesa cubierta por una barrera.

Paso 2: Lleve al paciente a una posición vertical sentado antes de alimentarlo.

Paso 3: Use un paño húmedo, papel, toalla o una toallita para las manos del paciente.

Paso 4: Abra todos los contenedores de alimentos/bocadillos para que el paciente los vea, y pregúntele con qué alimento quiere comenzar.

Paso 5: Asegúrese de que el paciente esté sentado mientras lo alimenta con una cuchara.

Paso 6: Proporcione al paciente una barrera para proteger la ropa y retírela después de alimentarlo.

Paso 7: Dele al paciente líquido para beber durante toda la alimentación. Esto podría hacerse por lo menos cada 2 o 3 bocados de comida.

Paso 9: Espere a que el paciente trague antes de ofrecerle el siguiente bocado.

Paso 10: Cree una conversación con el paciente durante la comida. Esto podría alentar al paciente a comer.

Paso 11: Limpie y seque la boca del paciente cuando se haya completado el proceso.

Paso 12: Coloque la ropa usada en la cesta, deseche la basura y deje la mesa seca.

Paso 13: Tome en un formulario, nota de la cantidad ingerida de alimentos y líquidos por parte del paciente. Los registros deben estar dentro de un rango del 25% con respecto a la medición de la enfermera.

Paso 14: Siempre pregunte al residente si se siente bien mientras se realiza esta técnica, para garantizar la máxima comodidad e incomodidad mínima.

Paso 15: Finalice la técnica asegurándose de que el residente esté bien y no necesite nada más antes de que usted salga de la habitación.

Paso 16: Asegúrese de lavarse las manos físicamente si es la primera técnica o simule verbalmente si esta es la segunda o tercera técnica.

Paso 17: Por último, no olvide bajar la cama y colocar la luz de llamado al alcance de la mano del paciente.

CAPÍTULO 16

Proporcionar cuidado del catéter a una residente que tiene un catéter urinario permanente

El tiempo requerido para esta técnica es de 12 a 15 minutos.

Suministros: 13 - 1 toalla/ barrera, 1 chuck, 4 paños, 2 toallas, 2 pares de guantes, 1 frazada, 1 vasija y jabón.

Esta técnica requiere que usted proporcione asistencia al catéter de una residente que tenga un catéter urinario permanente. Use agua y jabón para el cuidado del catéter. El propósito de esta prueba, es evaluar la limpieza del área perineal frontal y el catéter. La limpieza del área rectal y las nalgas no se prueba en esta técnica. Un maniquí se utiliza para desempeñar el papel del residente.

Comience con la declaración de apertura: saludos, presentación, propósito de la visita, privacidad y lavado de manos

Paso 1: Coloque la barrera sobre la mesa.

Paso 2: Coloque todos los suministros sobre la mesa cubierta por la barrera.

Paso 3: Póngase los guantes.

Paso 4: Coloque el chuck debajo de las nalgas o en la zona del muslo del paciente antes de comenzar la limpieza. Asegúrese de quitárselo después de que se haya completado la técnica o deje al paciente con un chuck seco.

Paso 5: Coloque la manta sobre el paciente y aparte la sobre sábana para protegerla del agua.

Paso 6: Una vez que usted haya preparado al paciente para prestar asistencia al catéter, quítese los guantes y alcance el agua.

Paso 7: Tome un pañuelo de papel para girar el grifo, deje correr el agua, pruebe la temperatura del agua para asegurarse de que esté tibia.

Paso 8: Haga que el residente pruebe la temperatura del agua antes de poder ponerla sobre la mesa junto con el resto de los suministros.

Paso 9: Coloque las 4 prendas de lavado en el recipiente con agua.

Paso 10: Comience tomando la primera toallita para lavar el catéter, asegúrese de que el catéter esté cerca del meato para evitar halarlo durante la manipulación.

Paso 11: Lávelo apartado del cuerpo y baje el catéter por lo menos de 3 a 4 pulgadas con una toalla con jabón.

Paso 12: Tome la segunda toallita y enjuague el catéter.

Paso 13: Tome el tercer paño y limpie el meato primero, de adelante hacia atrás, luego los labios uno y dos, el pliegue de la piel y el hueso púbico con jabón, yendo de adelante hacia atrás. No vuelva a poner el paño en el lavabo.

Paso 14: Tome la cuarta toallita y enjuague el interior del meato, labios uno y dos, pliegue de la piel y luego hueso púbico de adelante hacia atrás con un paño con jabón. No coloque la toallita de nuevo en el agua.

Paso 15: Después de completar el enjuague y la limpieza, asegúrese de secar el área perineal de adelante hacia atrás.

Paso 16: Mantenga el entubado libre de dobleces u obstrucción. También mantenga el entubado y el saco de drenaje urinario por fuera.

Paso 17: Coloque la bolsa de drenaje urinario en una posición más baja que la vejiga durante el procedimiento.

Paso 18: Enjuague, desinfecte el recipiente y seque. Coloque la ropa de cama sucia en cestas, deseche la basura y deje sobre la mesa una jarra de agua fresca y una taza.

Paso 19: Mantenga siempre al paciente a una distancia segura del borde de la cama.

Paso 20: Siempre pregunte al residente si se siente bien mientras usted realiza la técnica, para garantizar la máxima comodidad e incomodidad mínima.

Paso 21: Finalice la técnica asegurándose de que el residente esté bien y no necesita nada más antes de que usted salga de la habitación.

Paso 22: Asegúrese de lavarse las manos físicamente si es la primera técnica o simulando verbalmente si esta es la segunda o tercera técnica.

Paso 23: Por último, no olvide bajar la cama y colocar la luz de llamado al alcance de la mano del paciente.

CAPÍTULO 17

※

Proporcionar cuidado a los pies de un paciente que está sentado

El tiempo para completar la técnica es de 12 a 15 minutos.

Suministros: 7 - Chuck/barrera, 1 toalla, recipiente, 1 paño, jabón, loción, guantes.

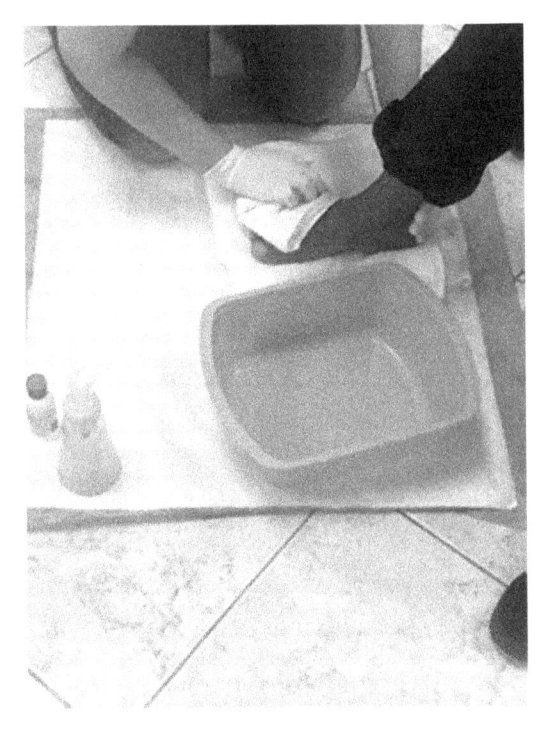

Esta técnica requiere que usted brinde atención a un pie del paciente. Se espera que usted use agua y jabón para brindar cuidado a uno de los pies del paciente. El paciente está sentado en una silla mientras usted realiza esta técnica. Después de completarla, vuelva a colocar el calcetín y el zapato al paciente. El papel del paciente es desempeñado por una persona.

Comience con la declaración de apertura: saludos, presentación, propósito de la visita, privacidad y lavado de manos

Paso 1: Coloque la barrera (chuck) en el piso.

Paso 2: Coloque todos sus suministros en el chuck.

Paso 3: Obtenga agua tibia.

Paso 4: Haga que el residente controle la temperatura del agua a su gusto.

Paso 5: Coloque un recipiente lleno de agua sobre la barrera protectora en el suelo como preparación para el cuidado de los pies.

Paso 6: Póngase los guantes.

Paso 7: Retire el zapato y calcetín del residente y coloque el pie en el recipiente con agua durante unos 10 minutos.

Paso 8: Retire el pie del recipiente con agua y lávelo colocándolo encima de la toalla doblada sobre el chuck.

Paso 9: Lave el pie con una toalla con jabón. No vierta el jabón directamente en el agua.

Paso 10: Asegúrese de lavar la parte superior e inferior del pie. También lave los dedos de los pies y entre los dedos de los pies.

Paso 11: Coloque el pie de nuevo en el recipiente de agua para enjuagar el jabón, especialmente entre los dedos de los pies, luego seque el pie.

Paso 12: Coloque el pie nuevamente sobre la toalla y séquelo, cambie la posición de la toalla para asegurarse de colocar el pie en una sección seca de la toalla.

Paso 13: Ponga loción en sus manos y frótelas para hacer que la loción se caliente.

Paso 14: Aplique la loción caliente sobre el pie, excepto entre los dedos de los pies y elimine el exceso de loción en los dedos de los pies luego de la aplicación.

Paso 15: Ponga el calcetín y el zapato en el pie. Asegure cada sujetador del zapato.

Paso 16: En ningún momento, coloque al paciente descalzo directamente en el piso.

Paso 17: Enjuague, desinfecte y seque el recipiente.

Paso 18: Use la barrera para sostener el recipiente y otra barrera para abrir el lugar de almacenamiento para residentes y guardar los suministros.

Paso 19: Coloque la ropa sucia en una cesta.

Paso 20: Vacíe la basura.

Paso 21: Retire el chuck del piso y quítese los guantes.

Paso 22: Deje al residente una jarra de agua fresca y una taza sobre la mesa de noche.

Paso 23: Siempre pregunte al residente si se siente bien mientras usted realiza la técnica, para garantizar la máxima comodidad e incomodidad mínima.

Paso 24: Finalice la técnica asegurándose de que el residente esté bien y no necesite nada más antes de que usted salga de la habitación.

Paso 25: Asegúrese de lavarse las manos físicamente si es la primera técnica del procedimiento o simule verbalmente si esta es la segunda o tercera técnica.

Paso 26: Por último, no olvide bajar la cama y colocar la luz de llamado al alcance de la mano del paciente.

CAPÍTULO 18

※

Proporcionar cuidado bucal a un residente que tiene dentadura postiza

El tiempo requerido para completar la técnica es de 12 a 15 minutos.

Suministros: 11 - 1 toalla/barrera, dentadura postiza, pasta de dientes, cepillo para dentadura postiza, lavabo emesis (barrera para el recipiente)/toallita, babero/ toalla, taza de agua, paño, 2 pares de guantes, toothette

El paciente en esta técnica usa una dentadura postiza y no puede lavar su boca o la dentadura postiza por sí mismo. Por lo tanto, la dentadura debe ser limpiada. El paciente está sentado. La dentadura que se guarda en una coquilla, es retornada a la coquilla luego de la limpieza. El papel del paciente es desempeñado por una persona.

Comience con la declaración de apertura: saludos, presentación, propósito de la visita, privacidad y lavado de manos

Paso 1: Coloque la barrera sobre la mesa.

Paso 2: Coloque todos los suministros sobre la mesa cubierta por la barrera.

Paso 3: Prepare el área del fregadero donde usted va a lavar las dentaduras, colocando una toalla pequeña en el fregadero.

Paso 4: Póngase los guantes.

Paso 5: Aplique pasta dental en el cepillo, coloque el cepillo de dientes en el recipiente de emesis, saque la dentadura postiza del estuche y llévela al área del fregadero.

Paso 6: Coloque el cepillo de dientes para dentaduras postizas y el recipiente de emesis en una barrera alrededor del área del fregadero.

Paso 7: Retire las dentaduras postizas de la coquilla, enjuague la coquilla de la dentadura tres veces y llénela con agua, luego colóquela sobre una barrera alrededor del fregadero.

Paso 8: Haga que corra agua tibia para cepillar las dentaduras postizas con pasta dental y luego enjuague. Remueva residuos de comida atrapadas entre las dentaduras postizas, de ser necesario.

Paso 9: Coloque las dentaduras limpias en agua limpia y tibia.

Paso 10: Ponga las dentaduras postizas limpias en una taza protegida junto con el recipiente de emesis y colóquelas sobre la mesa con los otros suministros.

Paso 11: Retire la toalla de mano del fregadero y colóquela en un cesto sucio.

Paso 12: Cámbiese los guantes y coloque un babero en su residente para llevar a cabo el cuidado de la boca usando toothette y pasta de dientes.

Paso 13: Ofrezca al residente un sorbo de agua para humedecer la boca.

Paso 14: Pase suavemente por las encías superiores e inferiores del residente usando toothettee con pasta dental.

Paso 15: Coloque el recipiente de emesis debajo de la boca del residente para que escupa.

Paso 16: Seque al residente mientras realiza todo el cuidado de su boca.

Paso 17: Ofrezca agua al residente para que este se enjuague tres veces.

Paso 18: Enjuague la cubeta de emesis tres veces, desinféctela y séquela.

Paso 19: Sostenga la cubeta de emesis con la barrera y sostenga otra barrera con la otra mano para abrir el lugar de almacenamiento de los residentes y coloque todos los otros suministros adentro.

Paso 20: Coloque la ropa sucia en la cesta, y tire la taza desechable y el cepillo de dientes.

Paso 21: Vacíe el contenedor de basura y quítese los guantes.

Paso 22: Deje sobre la mesa de noche del residente una jarra con agua fresca y una taza.

Paso 23: Siempre pregunte al residente si se encuentra bien mientras usted realiza la técnica, para garantizar la máxima comodidad e incomodidad mínima.

Paso 24: Finalice la técnica asegurándose de que el residente se encuentre bien y no necesita nada más antes de que usted salga de la habitación.

Paso 25: Asegúrese de lavarse las manos físicamente si es la primera técnica o simule verbalmente si esta es la segunda o tercera técnica.

Paso 27: Por último, no olvide bajar la cama y colocar la luz de llamado al alcance de la mano del paciente.

CAPÍTULO 19

Proporcionar cuidado bucal a un residente que tiene dientes

El tiempo requerido para completar la técnica es de 12 a 15 minutos.

Suministros: 7 - 1 Toalla/barrera, Cepillo de dientes, pasta de dientes, taza de agua, lavabo de emesis y paño, 1 par de guantes.

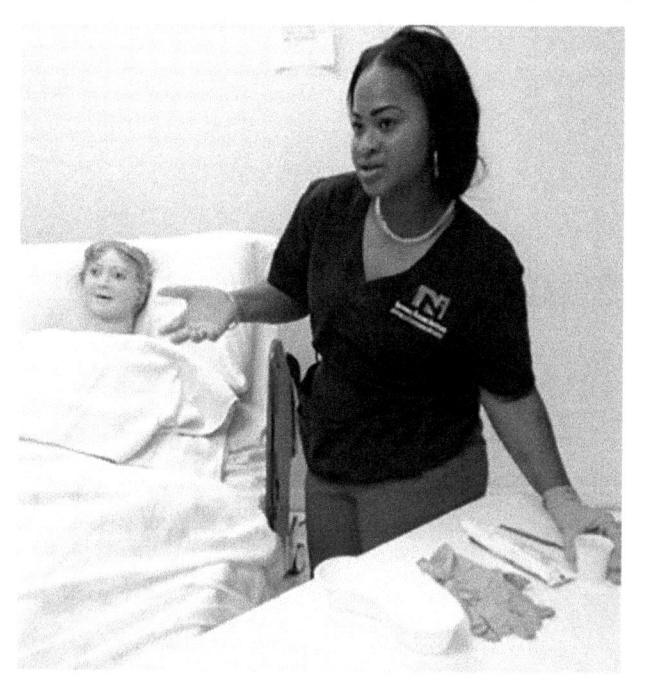

Esta técnica involucra a un paciente con dientes naturales acostado en la cama que necesita cuidado bucal y no puede lavar su boca por sí mismo. El papel lo desempeña una persona.

Comience con la declaración de apertura: saludos, presentación, propósito de la visita, privacidad y lavado de manos

Paso 1: Coloque la barrera sobre la mesa.

Paso 2: Coloque todos los suministros sobre la mesa cubierta con la barrera.

Paso 3: Póngase los guantes.

Paso 4: Ayude al paciente a sentarse levantando la cabecera de la cama y use la almohada según sea necesario para colocar al residente en posición vertical entre 60 y 90 grados antes de darle líquido o cepillarle los dientes.

Paso 5: Cubra la ropa del paciente con una cubierta protectora antes de comenzar la técnica y quítela una vez que finalice.

Paso 6: Dele al residente un sorbo de agua para humedecer la boca. Puede tomar o escupir el agua según lo desee.

Paso 7: Moje el cepillo de dientes y coloque pasta dental antes de cepillarle los dientes.

Paso 8: Cepille suavemente cada lado durante 15 segundos, las superficies de la mordida y la lengua, los dientes y la línea de las encías en un movimiento.

Paso 9: Enjuague la boca por lo menos tres veces dando al paciente una taza de agua después del cepillado.

Paso 10: Mantenga el recipiente de emesis debajo del residente para que escupa.

Paso 11: Seque la boca del residente después de escupir y entre el cepillado.

Paso 12: Retire el babero/toalla del residente.

Paso 13: Enjuague el recipiente de emesis, séquelo y desinféctelo. Use una toalla de papel para el recipiente de emesis después de limpiarlo, utilice otra toalla de papel para abrir el almacenamiento para residentes y guarde todos los otros suministros.

Paso 14: Coloque las sábanas sucias en una cesta, tire el cepillo de dientes usado, la taza desechable, vacíe la basura y deje sobre la mesa de noche una jarra de agua fresca y una taza.

Paso 15: Siempre pregunte al residente si se encuentra bien mientras usted lleva a cabo la técnica para garantizar la máxima comodidad e incomodidad mínima.

Paso 16: Finalice la técnica asegurándose de que el residente se encuentre bien y no necesita nada más antes de que usted salga de la habitación.

Paso 17: Asegúrese de lavarse las manos físicamente si es la primer técnica o simulando verbalmente si esta es la segunda o tercera técnica.

Paso 18: Por último, no olvide bajar la cama y colocar la luz de llamado al alcance de la mano del paciente.

CAPÍTULO 20

✳

Proporcionar atención perineal a una residente femenina que sufre de incontinencia urinaria

El tiempo requerido para esta técnica es de 17 a 19 minutos.

Suministros: 14 - 1 Toalla/barrera, 2 chucks, 2 toallas, 4 paños, 1 recipiente, 2 pares de guantes, 1 jabón perineal, 1 manta.

Esta técnica implica brindar atención perineal a una paciente con incontinencia urinaria. La paciente estaría en la cama acostado sobre un cojinete y vistiendo una bata de hospital seca. Un maniquí podría actuar en lugar del paciente.

Comience con la declaración de apertura: saludos, presentación, propósito de la visita, privacidad y lavado de manos

Paso 1: Coloque la barrera sobre la mesa.

Paso 2: Coloque todos los suministros sobre la mesa cubierta por la barrera.

Paso 3: Asegúrese de tener los guantes puestos mientras realiza la técnica.

Paso 4: Deshágase de la almohadilla sucia (chuck) y reemplácela por una toalla seca antes de comenzar la limpieza, y quítese los guantes.

Paso 5: Llene el recipiente con 2 cuartos de agua tibia.

Paso 6: Haga que su residente pruebe la temperatura del agua.

Paso 7: Póngase el segundo par de guantes.

Paso 8: Cubra a su residente con una manta y baje la sobre sábana.

Paso 9: Coloque todas las toallitas en el recipiente con agua.

Paso 10: Comience a limpiar a su residente con el **primer** paño con jabón perineal desde el meato, labios 1, labios 2, pliegue de la piel y hueso púbico, de adelante hacia atrás, cambiando la posición de la toallita todo el tiempo.

Paso 11: Tome la **segunda** toalla sin jabón, enjuague y retire el jabón de la piel del paciente en el perineo frontal.

Paso 12: Use una toalla para palpar el perineo frontal seco, secando de adelante hacia atrás.

Paso 13: Asegúrese de no colocar toallitas en el recipiente con agua después de usarlas en el residente.

Paso 14: Voltee al paciente hacia un lado para limpiar las nalgas y las áreas rectales. Luego lave, enjuague y seque.

Paso 15: Limpie el área rectal de adelante hacia atrás.

Paso 16: Coloque una almohadilla seca (chuck) debajo del residente después de completar la técnica.

Paso 17: Enjuague, seque y desinfecte el recipiente antes de guardarlo. Asegúrese de sostener el recipiente con una barrera y use otra barrera para colocar los suministros en el recipiente y abra el cajón para guardar todo.

Paso 18: Coloque las sábanas sucias en una cesta, deseche la basura y, finalmente, deje sobre la mesa de noche una jarra de agua fresca y una taza.

Paso 19: Siempre pregunte al residente si se encuentra bien mientras realiza la técnica, para garantizar la máxima comodidad e incomodidad mínima.

Paso 20: Finalice la técnica asegurándose de que el residente se encuentre bien y no necesita nada más antes de que usted salga de la habitación.

Paso 21: Asegúrese de lavarse las manos físicamente si es la primera técnica o simule verbalmente si esta es la segunda o tercera técnica.

Paso 22: Por último, no olvide bajar la cama y colocar la luz de llamado al alcance de la mano del paciente.

CAPÍTULO 21

Proporcionar al residente cuidado de manos y uñas

El tiempo requerido para completar la técnica es de 8 a 11 minutos.

Suministros: 8 - 1 Toalla/barrera, recipiente, jabón, loción, 1 paño, lima, palillo de madera naranaja y toalla.

La tarea implica cuidar la mano y las uñas. Se hace solo para una mano.

Paso 1: Coloque la barrera sobre la mesa.

Paso 2: Coloque todos los suministros sobre la mesa cubierta por la barrera.

Paso 3: Haga que el residente verifique la temperatura del agua.

Paso 4: Remoje los dedos o las uñas del residente en un recipiente con agua por un tiempo antes de eliminar los residuos que están debajo de las uñas.

Paso 5: Coloque la toalla en el recipiente con agua.

Paso 6: Doble la segunda toalla en cuatro secciones.

Paso 7: Retire la mano del recipiente y colóquela encima de la toalla para lavarla.

Paso 8: Toma la toalla del recipiente y lave la mano sobre la toalla doblada.

Paso 9: Limpie la superficie de la mano, enfocándose entre los dedos, donde aplicó jabón.

Paso 10: Coloque la mano nuevamente en el recipiente para enjuagar y eliminar el jabón.

Paso 11: Retire la mano del recipiente y colóquela sobre la toalla, esta vez teniendo cuidado de usar la parte seca de la toalla.

Paso 12: Use el palillo de madera naranja para eliminar los residuos en las puntas de las uñas usando el borde plano. Limpia el palillo de madera naranja antes de usarlo en otra uña.

Paso 13: Utilice la lima para limar los bordes irregulares, mientras que la mano aún descansa sobre la toalla.

Paso 14: Doble la otra sección de la toalla y coloque la mano encima, caliente la loción frotándose las manos antes de masajear la mano de su residente.

Paso 15: Limpie suavemente el exceso de loción en la mano y uñas del residente.

Paso 16: Enjuague, desinfecte y seque el recipiente antes de guardarlo. Asegúrese de sostener el recipiente con una barrera cuando regrese a la habitación del paciente.

Paso 17: Almacene el recipiente, deseche la lima y el palillo de madera naranja. Coloque las sábanas sucias en una cesta, deseche la basura y finalmente deje en la mesa de noche con una jarra de agua fresca y una taza.

Paso 18: Siempre pregunte al residente si se encuentra bien mientras usted lleva a cabo la técnica para garantizar la máxima comodidad e incomodidad mínima.

Paso 19: Finalice la técnica asegurándose de que el residente se encuentra bien y no necesita nada más antes de que usted salga de la habitación.

Paso 20: Asegúrese de lavarse las manos físicamente si es la primera técnica o simule verbalmente si esta es la segunda o tercera técnica.

Paso 21: Por último, no olvide bajar la cama y colocar la luz de llamado al alcance de la mano del paciente.

CAPÍTULO 22

Proporcionar al residente un baño de cama parcial y frotarle la espalda

El tiempo requerido para esta técnica es de 17 a 19 minutos.

Suministros: 14 - 1 Toalla/barrera, 2 toallas, 2 toallas, 5 paños, jabón, loción, 2 pares de guantes.

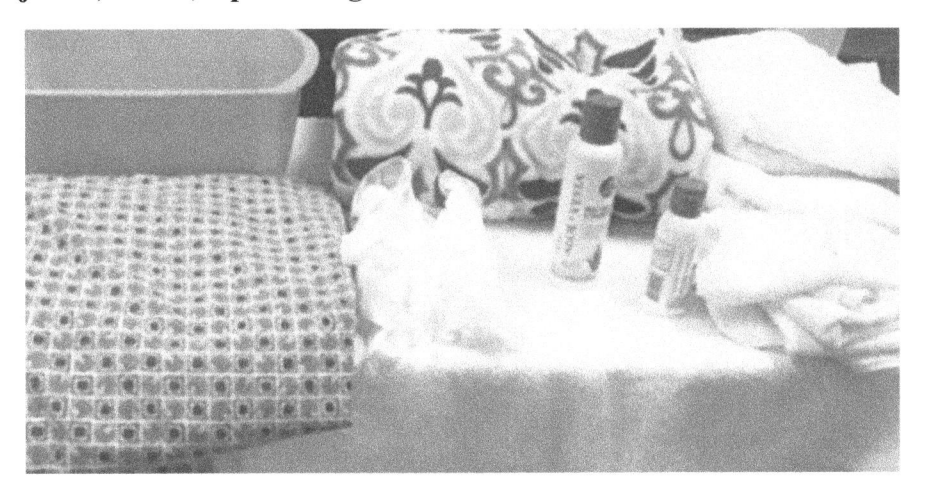

Esta técnica implica bañar a un paciente mientras se encuentra en la cama. Este paciente no puede bañarse por sí mismo. Para efectos de la prueba, a usted se le pedirá que lave una parte del cuerpo para una evaluación adecuada. La instrucción podría ser lavar la mano, el brazo, la cara, el cuello o la espalda del paciente. Usted debe usar agua y jabón para el baño. También debe dar al paciente un masaje de espalda. Se usa un maniquí para que haga las veces de paciente.

Paso 1: Coloque la barrera sobre la mesa.

Paso 2: Coloque todos los suministros sobre la mesa cubierta con la barrera.

Paso 3: Haga que el residente pruebe la temperatura del agua.

Paso 4: Póngase los guantes.

Paso 5: Coloque las cinco prendas de lavado en el recipiente con agua

Paso 6: Cubra el cuerpo del paciente con la manta y baje su sobre sábana.

Paso 7: Coloque la toalla debajo del paciente para proteger la sábana inferior.

Paso 8: Use la **primera** toallita para lavarle los ojos. Sostenga las esquinas de los paños y lave los ojos sin jabón desde adentro hacia afuera cambiando de lado el paño antes de limpiar el segundo ojo (excepto si el paciente le pide que use jabón).

Paso 9: Lave el resto de la cara del residente usando una toallita húmeda sin jabón, a menos que el residente solicite jabón.

Paso 10: Seque la cara del residente después de lavada, no aplique loción a menos que el paciente lo solicite.

Paso 11: Saque la **segunda** toallita del recipiente y lave el cuello, el pecho y el abdomen del residente hasta el ombligo con jabón, asegúrese de lavar debajo del pecho de la residente mientras lo levanta con la parte posterior de la mano, termine la técnica lavando solo un brazo.

Paso 12: Tome una **tercera** toallita limpia y seca y retire el jabón de la piel del paciente.

Paso 13: Seque el cuello, el pecho, el abdomen y el brazo del residente.

Paso 14: Ayude al paciente a girarse hacia un lado para limpiarlo.

Paso 15: Tome la **cuarta** toallita y aplique jabón, lave la espalda del residente desde el cuello hasta la cintura con movimientos circulares.

Paso 16: Toma la **quinta** toallita del recipiente, enjuague la espalda del residente y séquela.

Paso 17: Sustituya la taza de agua si se encuentra enjabonada o fría.

Paso 18: Caliente la loción antes de colocarla y luego aplíquela en la espalda con deslizamiento largo y movimiento circular.

Paso 19: Ponga una bata limpia al paciente, asegurándola en la parte posterior.

Paso 20: Enjuague, seque y guarde el recipiente, coloque las sábanas sucias en un cesto, deseche la basura y ponga sobre la mesa de noche del residente una jarra de agua fresca y una taza.

Paso 21: Finalice la técnica asegurándose de que el residente se encuentre bien y no necesita nada más antes de que usted salga de la habitación.

Paso 22: Asegúrese de lavarse las manos físicamente si es la primera técnica del procedimiento o simule verbalmente si esta es la segunda o tercera técnica.

Paso 23: Por último, no olvide bajar la cama y colocar la luz de llamado al alcance de la mano del paciente.